Matthias Felder

Adlerholz
Aquilaria agallocha

Flügel der Wandlung

Bibliografische Information der Deutschen Nationalbibliothek: Die Deutsche Nationalbibliothek verzeichnet diese Publikation in der Deutschen Nationalbibliografie; detaillierte bibliografische Daten sind im Internet über http://dnb.dnb.de abrufbar.

© 2023 Matthias Felder

Herstellung und Verlag: BoD – Books on Demand, Norderstedt

ISBN: 9783741291814

Der Autor hat bei der Erstellung dieses Buches Informationen und Ratschläge mit Sorgfalt recherchiert und geprüft, dennoch erfolgen alle Angaben ohne Gewähr; der Autor kann keinerlei Haftung für etwaige Schäden oder Nachteile übernehmen, die sich aus der praktischen Umsetzung der in diesem Buch dargestellten Inhalte ergeben. Bitte respektieren Sie die Grenzen der Selbstbehandlung und suchen Sie bei Erkrankungen einen erfahrenen Arzt oder Heilpraktiker auf.

Inhaltsverzeichnis

Bäume sind Energiespeicher und Lebensspender	7
Bäume sind Wesenheiten	8
Mythologie der Bäume	9
Baumharz	10
Das Harzen	14
Adlerholz – Aquilaria agallocha	16
Inhaltsstoffe des Adlerholzes	21
Aphrodisierende Düfte	24
Pheromone	27
Limbisches System	30
Amygdala	32
Hypothalamus	34
Neurotransmitter	37
Ätherische Öle	38
Attar-Destillation	41
Mystische Einweihung	43
Aquilaria agallocha	46
Krafttier Adler	48
Flügel der Wandlung	51
Auf Adlers Flügel	52
Glückseligkeit mystischer Visionen	54
Tiefe Liebe	56
Vertrauen und Urvertrauen	58
Adlerholz und Wurzelchakra	62

Rot – die Farbe des Wurzelchakras	66
Kundalini	67
Adlerholz und Kronenchakra	69
Violett – die Farbe des Kronenchakras	71
Transformation	72
Baumessenz aus Adlerholz	76
Wirkungen des Adlerholzes	77
Bezugsquelle für hochwertiges Adlerholz	79
Quellenhinweise	82
Literaturhinweise	83
Fotonachweis	83
Über den Autor	84

Matthias Felder

Adlerholz
Aquilaria agallocha

Flügel der Wandlung

Bäume sind Energiespeicher und Lebensspender

Bäume können mit Recht als Energiespeicher betrachtet werden. Sie nehmen durch ihren langen Lebenszyklus enorme Mengen an Lichtstrahlung von Sonne, Mond und Sternen auf. Und noch mehr aus ihrer Umgebung und wandeln all dies durch Photosynthese in Lebensenergie um. Alle Lebewesen profitieren von dieser Alchemie der Transformation. Biospirituell ausgedrückt: „Pflanzen erfüllen die Aufgabe, Licht in Leben umzuwandeln, dem Menschen kommt die Aufgabe zu, Leben in Bewusstsein zu transformieren." Diese Erkenntnis zeigt, dass es keine Trennung zwischen dem Inneren und dem Äußeren gibt. Alles ist miteinander verbunden. Die äußere Sonne fungiert als Quelle für die innere Sonne, das Licht des Lebens ist allgegenwärtig. Und die Pflanzen haben dabei ihre erstaunlichste Rolle, wo immer Leben im Universum auftauchen mag.

Bäume sind Wesenheiten

Bäume sind Wesenheiten mit vielfältigen Kräften und besonderen Eigenschaften. Ihre heilwirksamen Kräfte und Energien erreichen unseren Körper, unsere Seele und unseren Geist. Bäume verwurzeln uns mit unserer Erde, richten uns auf und verbinden uns mit dem Himmel. Sie unterstützen uns, wenn wir Hilfe und Rat suchen, für Vergangenes, Gegenwärtiges und Zukünftiges. Vergangenheit, Gegenwart und Zukunft spiegeln sich in den Bäumen. Als Mittler zwischen Himmel und Erde können Bäume Botschaften aus beiden Reichen überbringen. Bäume sind dem Menschen Diener und Lehrer zugleich. Die Weisheiten der Bäume unterstützen und lehren uns in der Schule des Lebens. Wer sich ihnen anvertraut findet reichlichen Segen und Erkenntnis.

Mythologie der Bäume

Alte Mythologien von Bäumen können für uns wie Signaturen des Wissens betrachtet werden. Sie haben immer etwas mit der innewohnenden heilenden Persönlichkeit des Baumes zu tun, ihrer besonderen Rolle, der Menschheit auf ihrem Weg durch die Evolution und ihren vielfältigen Herausforderungen beizustehen.

Habt Ehrfurcht vor dem Baum. Er ist ein einziges großes Wunder und euren Vorfahren war er heilig.

Baumharz

Baumharz war und ist noch heute ein begehrter Rohstoff. Für Bäume ist es mindestens genauso wertvoll. Er schützt sie vor Feinden und verschließt Wunden. Harz hat zahlreiche Eigenschaften, die es zu einem besonderen Naturstoff machen.

Das Harz der Bäume besteht aus einer Mischung verschiedener Terpenoide und ätherischen Ölen. Spezielle Zellen in den Nadeln und Harzgängen produzieren das Harz und leiten es in den Stamm. Ein Harzgang entsteht in Zellzwischenräumen. Diese vergrößern sich und sind von Drüsenzellen umgeben. Damit die Kanäle offen bleiben, umgibt sie ein Kranz aus Sklerenchymfasern, die Harzkanalscheide. Der Harzkanal übersteht damit höheren Druck, ohne in sich zusammenzufallen. Die Harzkanäle verlaufen im Stamm von oben nach unten und quer zum Holz. Zusammen bilden sie ein dreidimensionales Netz im Stamm. Sowohl in den Nadeln als auch im Stamm und den Ästen ist das Harz wichtig. In den Nadeln ist Harz einer der Stoffe, die Fressfeinden den Appetit verderben. Sticht eine Laus ihren Saugrüssel in die Nadel, reagiert der Baum darauf. Die Flüssigkeit aus den Harzzellen läuft in die Stichwunde und schließt das Loch. Die Laus verliert oft die Lust an ihrem Mahl oder klebt, wenn sie Pech hat, daran fest. Ähnlich reagiert der Nadelbaum auf unerwünschte Eindringlinge in der Rinde. Borkenkäfer, Bockkäfer oder Prachtkäfer legen ihre Eier unter der Rinde ab. Dazu bohren sie sich in die Rinde ihres auserwählten Baumes ein. Ein gesunder Nadelbaum reagiert auf den unwillkommenen Gast umgehend mit Abwehrmaßnahmen. Das Harz aus den angrenzenden, verletzten Harzkanälen oder Harzblasen verstopft den Fraßgang und hindert den Eindringling daran, weiter vorzudringen. Das ausgetretene Harz verschließt die Wunde und hilft durch seine antibiotischen und pilzhemmenden Inhaltsstoffe, einen erneuten Befall zu verhindern. Oft bleiben die Käfer auf Ihrem Rückzug am Harz hängen. Hilflos am Stamm festgeklebt sind sie eine leichte Beute für Vögel.

Flüssiges Harz ist eigentlich Harzbalsam, ein Stoffwechselprodukt, das aus einer Mischung aus sogenannten Terpenoiden (sekundäre

Pflanzenstoffe) und ätherischen Ölen besteht. Wenn dies trocknet, wird es zu Harz. Das Harz jedes Baumes unterscheidet sich in Beschaffenheit, Farbe und Duft. Durch den ganzen Baum ziehen sich Harzkanäle, in denen der zähe, bräunliche Harzbalsam hergestellt wird.

Kommt es zu einem Schaden an der Baumrinde, tritt an dieser Stelle der Balsam aus, um die Wunde zu verschließen. Mit der Zeit verfestigt er sich dann und wird zu Harz. Harz soll aber nicht nur offene Wunden versorgen, sondern auch vor Fressfeinden schützen. So beinhalten beispielsweise auch Tannennadeln den Harzbalsam. Wenn sich Blattläuse an ihnen zu schaffen machen, wehrt sie entweder der Harzgeschmack ab oder sie bleiben an den offenen Nadelstellen am ausgetretenen Harzbalsam kleben. Wie jedes andere Lebewesen werden auch Bäume krank, alt und sterben irgendwann ab. Ebenso schwächen Krankheiten das Immunsystem des Baumes. Harz spielt dabei eine wichtige Rolle. Harz zu produzieren benötigt Energie. Ist der Baum bereits geschwächt, stellt er weniger Harz her. Oft führt dieser Teufelskreis dazu, dass der Baum sich nicht mehr ausreichend gegen einen Befall wehren kann. Zahlreiche Insekten nutzen diese Schwachstelle der Bäume aus. Sie suchen sich keinen gesunden Baum aus, sondern befallen gezielt kranke und alte Bäume. Diese produzieren weniger bis gar kein Harz. Nicht selten führt der Befall mit Borkenkäfern oder anderen Insekten dann zum Tod des Baumes. Nicht jeder Baum verteidigt sich mit Harz. Im Wald fällt besonders das Harz der Fichte und Kiefer auf. Aber auch die Europäische Lärche, die Douglasie und der Mammutbaum produzieren Harz in Harzkanälen. Die Tanne stellt eine Ausnahme dar. Sie hat keine Harzkanäle im Holz, junge Tannen bilden jedoch Harzblasen in der Rinde aus. Der einzige harzführende Laubbaum, der in Deutschland gedeiht, ist der Amberbaum. Er liefert das begehrte Harz Styrax. Das aus dem Adlerholz gewonnene ätherische Öl in seinem Harz wird Oud genannt und ist eines der teuersten und wertvollsten Naturprodukte der Welt.

Das Harzen

Die Gewinnung von Baumharz nennt man Harzen. Sie hat, historisch betrachtet, eine sehr lange Tradition. Bis Mitte des 19. Jahrhunderts gab es den Beruf des Harzers oder Pechsieders, ein mittlerweile ausgestorbenes Gewerbe. Vor allem Lärchen, Fichten und Kiefern wurden zur Harzgewinnung verwendet. Bei der sogenannten Lebendharzung unterscheidet man zwischen Scharrharzgewinnung und Flussharzgewinnung. Bei der Scharrharzgewinnung wird erstarrtes Harz von natürlich entstandenen Wunden abgekratzt. Durch das Anritzen oder Anbohren der Rinde werden bei der Flussharzgewinnung gezielt Verletzungen erzeugt und das austretende Baumharz beim „Ausbluten" in einem Behälter gesammelt. Naturharze sind Gemische von festen, amorphen, nichtflüchtigen und lipophilen Pflanzenprodukten. Sie treten nach natürlichen oder künstlichen Verletzungen als zähflüssige Masse aus bestimmten Pflanzen, überwiegend Bäumen, aus. Dabei sind sie entweder in einem ätherischem Öl wie Terpentin gelöst, dann heißen sie Balsame. Oder die Harze treten als Emulsionen in wässrigen

Schleimstofflösungen mit wenig ätherischem Öl aus der Pflanze aus, dann heißen sie nach Eintrocknen Gummiharz.

Baumharz ist eines der ältesten Heilmittel und äußerst vielseitig verwendbar. Schon vor mehreren Jahrtausenden wurde z.B. Weihrauch, das Harz der Balsambaumgewächse, für die Gesundheit und zum Räuchern eingesetzt. Auch heutzutage ist das kostbare Harz beliebt, unter anderem für selbst gemachte Heilsalben.

Adlerholz – Aquilaria agallocha

Der Adlerholzbaum ist ein großer immergrüner Laubbaum mit bis zu 40 Metern Höhe. Es handelt sich um eine weiche Holzart. Das Adlerholz wird auch als das „Holz der Götter" bezeichnet. Der immergrüne Laubbaum ist in Bhutan, Laos, Indien, Kambodscha, Malaysia, Thailand und Vietnam zu finden. Seine typischen Merkmale sind, dass die Äste des Baumes abstehen wie Adlerflügel oder Palmwedel. Daraus leitet sich der lateinische Name „aguila" Adler, also Adlerbaum bzw. Adlerholz ab.

Der Baum ist in dieser Form eher unauffällig, das wohlriechende Holz ist in seinem Normalzustand noch nicht auffindbar. Nicht jeder Aquilariabaum verfügt über das dunkle, harzige Holz, welches in der Parfümindustrie so begehrt ist. Wird dieser Baum aber von einem kleinen Insekt aufgesucht, das sich in die Rinde frisst und bis zu 14 verschiedene Pilzarten in den Baum bringt, beginnt die Verwandlung, eine unfassbare Metamorphose. Wenn das Adlerholz dann mit einem bestimmten Schimmelpilztyp namens Phialophora Parasitica infiziert ist und deren Pilzsporen beginnen, das Holz zu durchwachsen, bildet der Baum ein dunkles und aromatisch duftendes Ölharz. Je mehr Pilze die Rinde, Wurzeln oder Zweige des Baumes befallen haben, desto dunkler wird später das Holz durch das Harz das er zur Abwehr des Pilzes produziert und desto mehr und besseres Öl kann daraus destilliert werden. Dieser Prozess kann einen einfachen Baum in Jahrzehnten zu einem Aromawunder verwandeln, das viele Menschen verzaubert.

Der Baum mit seinem sonst weichen Holz reagiert also auf den Pilzbefall von innen heraus mit einer Verdichtung durch ein Harz. Mit der Zeit wird das Holz vom Harz allmählich durchdrungen. Botanisch wird dieser Vorgang als „Phloem" – etwas Eingeschlossenes, bezeichnet. Über viele Jahrzehnte kann sich der Prozess hinziehen. Beim Adlerholz geht es vorwiegend um das Öl im Harz. Wird dieses Holz dann destilliert, erhält man das ätherische Adlerholzöl auch Oud genannt.

Das frische Kernholz aus dem Adlerholz ist einer der begehrtesten Rohstoffe der Welt und entsprechend teuer. Es wird in kleinen Mengen angeboten, entweder in fester Form oder zu Öl gepresst oder destilliert. Adlerholz oder Oud gilt als komplexester Duftstoff der Erde und hat unendlich viele Ausprägungen. Es ist ein Öl voller Geheimnisse und von unfassbarem Wert. Adlerholz ist auf der ganzen Welt begehrt, und wird höher als Gold gehandelt. Der besonders angenehme Geruch und die Tatsache, dass seine Herstellung etwa 300 Jahre dauert, macht Oud sehr teuer, weshalb Oud auch oft als flüssiges Gold bezeichnet wird. Seine Geruchspalette reicht von balsamisch-süß über würzig-bitter bis rauchig-erdig. Noch heute setzt die moderne Parfumindustrie die edle Note des Adlerholzes zur Produktion der weltweit teuersten Düfte ein. Je nach Duftqualität wird das Holz in verschiedene Grade eingeteilt (Grad A bis D). Das beste und teuerste Adlerholz vereint Komponenten aller Geruchsnoten in sich.

Heutzutage werden die Bäume in speziellen Plantagen manuell injiziert, damit sich die betroffenen Stellen punktuell verhärten und den duftbringenden Harz erfolgreich entwickeln.

Inhaltsstoffe des Adlerholzes

Zu den wichtigsten phytochemischen Stoffen des Adlerholzes gehören Terpenoide, bei denen Sesquiterpene dominieren. Terpenoide werden seit Jahrhunderten in der traditionellen Medizin verwendet und besitzen nachweislich verschiedene pharmakologische Eigenschaften. In Pflanzen fungieren sie vor allem als Abwehrstoffe. Diese Funktion wird einerseits durch ihren bitteren Geschmack und andererseits durch Eingriff in den Stoffwechsel anderer Organismen erfüllt.

Die verschiedenen Sesquiterpene wirken unter anderem toxisch auf Bakterien, Pilze, Würmer und andere Parasiten und stärken das Immunsystem. Sesquiterpene können regulierend auf die Histamin Ausschüttung einwirken und so bei allergischen Erkrankungen eine Erleichterung verschaffen.

Sie beeinflussen das vegetative Nervensystem positiv und wirken modulierend auf die Nebennierentätigkeit, so erklärt sich deren Cortison ähnliche Wirkung. Zu dem wirken sie beruhigend und anregend, schmerzlindernd, entzündungshemmend, antiasthmatisch und hypoglykämisch.

Sesquiterpene geben auch unserer Psyche Kraft, Stärke und Selbstvertrauen. Sie regulieren verschiedene Hormone und Botenstoffe in unserem Gehirn und Körper und sind Spezialisten für psychosomatische Beschwerden. Sie wirken konzentrationsfördernd, geistig stimulierend, energetisierend und vitalisierend, antidepressiv und stimmungsaufhellend, angstlösend und fördern insgesamt das seelische Gleichgewicht.

Aphrodisierende Düfte

Natürliche aphrodisierende Düfte, gewonnen aus den ätherischen Ölen von duftenden Pflanzen, wirken auf das limbische System. Diese Region im Gehirn, ist verantwortlich für die Verarbeitung von Emotionen, die Ausschüttung von Endorphinen (Glückshormonen) und es steuert unter anderem das Triebverhalten der Menschen.

Unser Geruchssinn ist der Sinn mit dem stärksten Bezug zu unseren Emotionen. Wir können mit Düften Momente der Romantik schaffen und unsere Sinne beleben. Zudem reduzieren natürliche Düfte Stress, erheben den Geist und öffnen ihn für das wirklich Wichtige im Leben.

Hochschwingende ätherische Öle können die Sensibilisierung der Sinne unterstützen, da sie mit der Körperintelligenz in Resonanz gehen. Sie können die Gefühle wieder zum Leben erwecken. Die aphrodisierenden Düfte helfen, dass man sich geborgen und wohl in seinem Körper fühlen kann.

Nicht umsonst kommt das Wort „Aphrodisiakum" von Aphrodite, der griechischen Göttin der Liebe und Schönheit, der Sinnlichkeit, der Sexualität und der Fortpflanzung. Sie sorgt nach alter Vorstellung dafür, dass sich Menschen ineinander verlieben, untereinander lieben, den Wunsch nach Kindern entwickeln und fruchtbar sind.

Das Adlerholz hat eine pheromonartige und aphrodisische Wirkung. Unter den Namen Aloe oder Aloeholz fand es sogar in mehreren Bibel-Textstellen Erwähnung. Im Hohelied Salomons wird die aphrodisische Wirkung von Oud beschrieben.

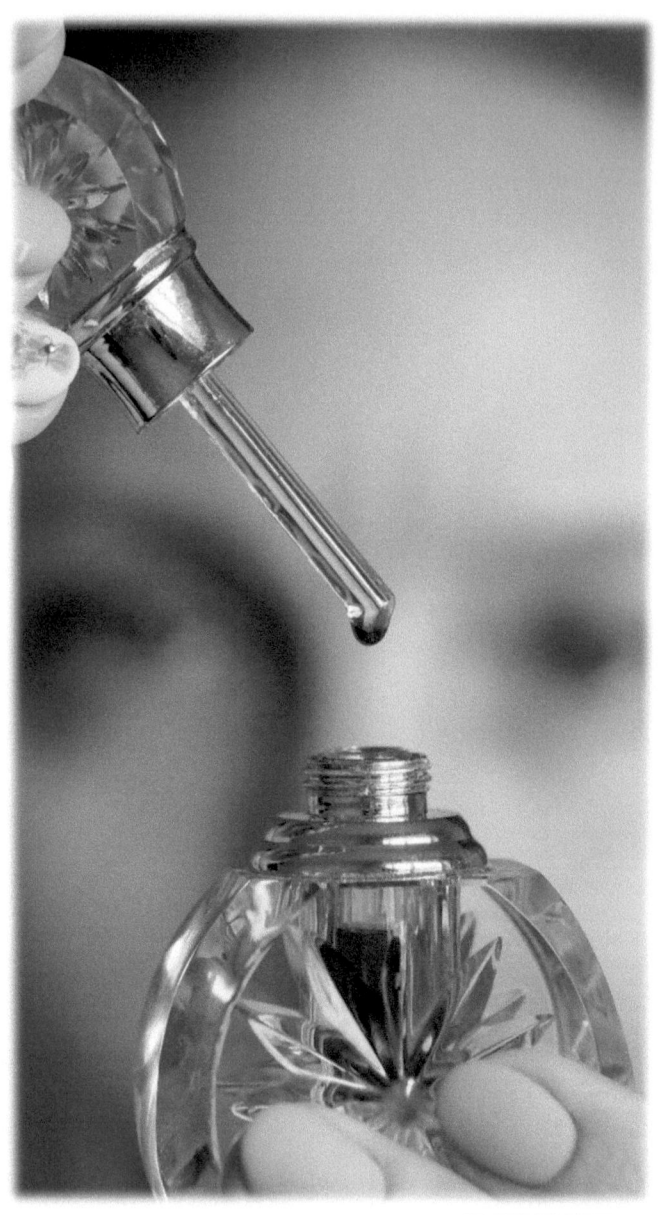

Pheromone

Pheromone dienen der nonverbalen Kommunikation. Sie werden daher auch als Soziohormone bezeichnet. So dienen sie als Erkennungs- und Sexuallockstoff sowie der Vermittlung der Artengleichheit. Sie können zudem bewusst oder unbewusst bestimmte Verhaltensweisen anderer Individuen beeinflussen. Duftstoffe werden über die Riechepithelzellen aufgenommen.

Duftstoffe sind wasserlöslich und reagieren mit Rezeptoren des Bulbus olfactorius. Die Riechbahn ist direkt mit dem limbischen System und dem Hypothalamus verbunden. Kollateralen gehen ebenfalls zum Thalamus. Dadurch werden Gerüche und Düfte überwiegend unbewusst vom zentralen Nervensystem wahrgenommen.

Pheromone werden nicht wie normale Gerüche bewusst gerochen, sondern unbewusst wahrgenommen. Wir besitzen Rezeptoren für Pheromone, allerdings nur einen Bruchteil dessen, was viele Tiere besitzen. Zusammen mit den Riechrezeptoren, die für normale Gerüche zuständig sind, sitzen unsere Pheromonrezeptoren auf der Riechschleimhaut innerhalb der Nase. Pheromonzellen haben eine eigene Leitungsbahn ins Gehirn und werden an anderen Stellen im Hirn verarbeitet als normale Gerüche.

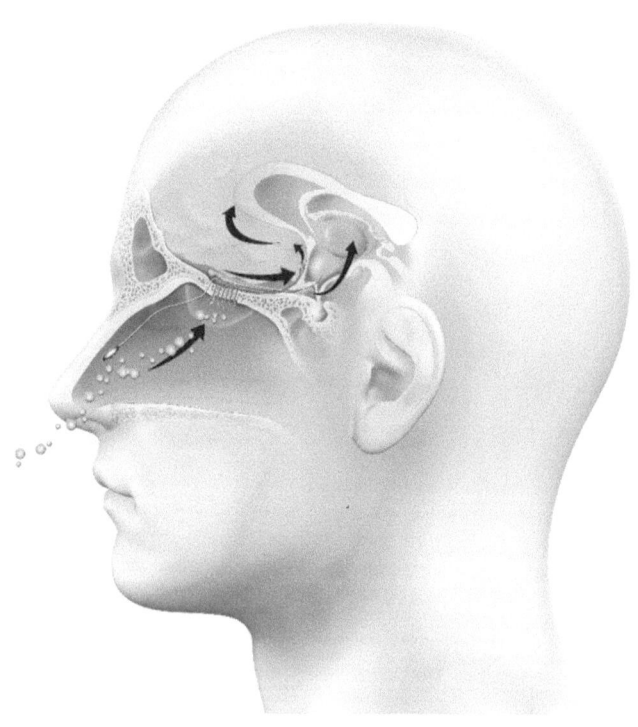

Die Duftmoleküle der ätherischen Öle gelangen beim Riechen direkt über die Geruchsorgane in den Bereich des limbischen Systems, in dem unsere Gefühle lokalisiert sind und senden Impulse ans Gehirn. Ätherische Öle sind in der Lage, die Blut-Hirn-Schranke zu durchbrechen und wirken unmittelbar auf unsere Emotionen und Erinnerungen. Ein bestimmter Duft weckt Erinnerungen an eine Situation oder die damit verbundenen Gefühle. Nachdem die Riechzellen den Duft wahrgenommen haben, wird das Duftmuster anschließend in elektrische Impulse umgewandelt. Diese Nervenimpulse lösen im Gehirn Folgereaktionen aus und dadurch werden bestimmte körpereigene Hormone und Neurotransmitter ausgeschüttet. Durch die entstehenden Folgereaktionen im Gehirn können unsere Gefühle und körperliche Funktionen beeinflusst werden.

Düfte beeinflussen also den Menschen auf viele Arten. Sie sorgen für gute Laune, wirken stimulierend, entspannen. Düfte lösen Emotionen und sogar pharmakologische Reaktionen aus, die wissenschaftlich erforscht werden können.

Limbisches System

Der menschliche Geist entsteht aus der Verschmelzung von zwei Gehirnen. Jede Hemisphäre ist ein Spiegelbild der anderen. Beide sind durch einen Faserstrang (Corpus callosum) verbunden, der einen kontinuierlichen, intimen Dialog ermöglicht. Bei der einen Hälfte von außen eingehende Informationen stehen fast unmittelbar auch der anderen zur Verfügung und ihre Reaktionen sind so harmonisch aufeinander abgestimmt, dass eine scheinbar nahtlose Wahrnehmung der Welt und ein einziger Bewusstseinsstrom daraus hervorgehen.

Die Architektur des Gehirns ist komplexer, als seine Oberfläche vermuten lässt. In der Mitte findet sich eine Ansammlung von merkwürdig geformten Modulen, das Limbische System. Hier werden alle Gelüste, Triebe, Emotionen und Stimmungen erzeugt, die unser Verhalten antreiben. Unser bewusstes Denken ist nichts weiter als der Moderator der biologisch notwendigen Kräfte, die aus dieser unbewussten, verborgenen Unterwelt hervorgehen. Wenn Gedanken mit Gefühlen in Konflikt geraten, sorgen bestimmte Schaltkreise des Gehirns dafür, dass letztere immer die Oberhand behalten.

Das limbische System ist eine Ansammlung komplizierter Strukturen in der Mitte des Gehirns, die den Hirnstamm wie ein Saum (lat. limbus) umgeben. Schmerzfasern gelangen auch in das limbische System, wo die Schmerzinformation mit unbewussten oder emotionellen Inhalten vermischt wird. Das limbische System ist besonders eng mit dem Hypothalamus verbunden und beeinflusst über diesen auch das endokrine System, das Immunsystem und das vegetative Nervensystem.

Das limbische System ist beim Menschen in erster Linie für die Steuerung von Affekten, Emotionen und Motivationen, Gefühlen wie Angst und Aggression, für Schmerzempfindung und Stress, aber auch für Lust und Wohlgefühl sowie für sexuelles Empfinden verantwortlich. Darüber hinaus spielt das limbische System bei der Übertragung von Erinnerungen in das Langzeitgedächtnis, für Bewusstsein und Aufmerksamkeit sowie beim Lernen eine wichtige Rolle. Schädigungen oder eine übermäßige Erregbarkeit des limbischen Systems stehen in engem Zusammenhang mit Verhaltensstörungen, Persönlichkeitsstörungen wie dem Borderline-Syndrom, Schizophrenie, Phobien, Angststörungen, Panikattacken, Depressionen, Psychosen, u.v.m

Amygdala

Die Amygdala (Corpus amygdaloideum oder Mandelkern) ist ein Teil des limbischen Systems im Gehirn. Zusammen mit dem Hippocampus regelt diese Hirnregion emotionale Äußerungen. Vor allem die Entstehung von Angstgefühlen ist im Mandelkern verankert. Zu den Hauptaufgaben der Amygdala gehört die Entstehung und Verarbeitung von Emotionen. Weitere wesentliche Amygdala-Funktionen bestehen in der Bewertung von Gedächtnisfunktionen wie Erinnerungen mit emotionalen Inhalten. Wenn eine Situation aus der Erfahrung heraus als bedrohlich oder gefährlich eingestuft wird, ändern sich die Informationen, die von der Amygdala an andere Hirnbereiche weitergegeben werden. Dadurch werden zum Beispiel vermehrt die

Nervenbotenstoffe (Neurotransmitter) Acetylcholin, Dopamin, Serotonin und Norepinephrin sowie die Stresshormone Adrenalin und Cortison ausgeschüttet. Das signalisiert dem Körper, dass etwas Bedeutungsvolles und potentiell Gefährliches geschieht. Diese Signale werden dann durch die Amygdala mit Erinnerungen abgeglichen. Wenn dieser Abgleich „Gefahr" signalisiert, entsteht Angst und der Körper reagiert mit vermehrter Achtsamkeit und vielleicht auch mit Fluchtreaktionen. Neben der Angst sind auch andere emotionale Äußerungen wie Wut und Freude, der Sexualtrieb und die Fortpflanzung sowie vegetative Funktionen in der Amygdala festgelegt. Sie ist die Quelle von Lust und Freude, Lachen und Scherzen sowie auch von Traurigkeit und Sorgen, Dysphorie und Weinen. Die Amygdala ist auch in der Erzeugung, Verarbeitung und Speicherung anderer Empfindungen involviert, sowohl negativer wie als auch positiver. Durch die Verbindungen zu präfrontalem Cortex, sensorischem Cortex und Hippocampus nimmt die Amygdala Einfluss auf das Arbeitsgedächtnis, das deklarative Gedächtnis und die Wahrnehmung. Sie spielt dadurch eine zentrale Rolle bei der Entstehung und Wahrnehmung von Emotionen, insbesondere solchen negativen Inhalts. Auch die Intensität emotionaler Reaktionen wird von der Amygdala reguliert. Die Amygdala ist aber nicht nur Sitz unserer Emotionen, sondern beherbergt in Verbindung mit dem Hippocampus noch dazu das emotionale Gedächtnis eines Menschen. Auch die Motivation einer Person wird stark von der Aktivität seiner Mandelkerne beeinflusst.

Die Amygdala verfügt über eine direkte Verbindung zu dem Hirnbereich, der für die Verarbeitung von Gerüchen zuständig ist. Die Reaktionen, die von Düften ausgelöst werden, lassen sich sowohl über Pulsschlag und Blutdruck, als auch die Gehirnwellen messen.

Hypothalamus

Jedes Gefühl, jeder Gedanke hat eine andere Biochemie. Die Neurophysiologie bestätigt heute, dass Ideen, Gedanken und Gefühle im Gehirn, ganz genau im Hypothalamus biochemische Substanzen produzieren, die diesem Gemütszustand entsprechen. Der Hypothalamus verfügt über die beste Apotheke der

Welt und kann aus unseren Ideen, Gedanken, Gefühlen und Stimmungen in Sekundenschnelle aus den Eiweißbausteinen der Aminosäuren Neuropeptide, Neurohormone, Morphium ähnliche Alkaloide sowie weitere Neurotransmitter herstellen welche über das Nervensystem und Blut auf den gesamten Organismus aber auch auf nur ganz bestimmte Bereiche des Körpers übertragen werden. Die von den Hormondrüsen ins Blut ausgeschütteten Hormonmengen sind minimal und schon geringfügige Konzentrationsänderungen können tiefgreifende Folgen haben. Deshalb ist es verständlich, dass die Hormonsekretion exakt gesteuert werden muss. Dies geschieht durch Regelkreise. Als oberster Regler fungiert meist der Hypothalamus. Dort laufen viele Informationen über die Außenwelt und das innere Milieu zusammen. Außerdem findet hier eine Verknüpfung mit dem vegetative Nervensystem statt. Für jedes Gefühlsmuster gibt es eine entsprechende Substanz die über den Hypothalamus und der Hypophyse freigesetzt wird. Unsere Gedanken und Gefühle haben damit einen entscheidenden Einfluss auf die Ausschüttung dieser Botenstoffe und steuern die Funktion unseres

Körpers. Alle Nervenzellen stehen miteinander in Verbindung und übertragen die Nervenbotenstoffe unserer Gedanken und Gefühle durch Synapsen auf Rezeptoren anderer Nervenzellen. So bilden sich Neuronennetzwerke die bestimmten Denk- und Gefühlsmustern entsprechen.

Wir handeln nicht nur, sondern fühlen auch. Die Sonnenflecken und Schatten auf der Landschaft des Geistes rühren von Chemikalien her, die die Module unseres Gehirns an- und abschalten. Sie erzeugen dadurch neurale Muster, die unsere Stimmungen zum Ausdruck bringen. Die limbischen Strukturen schicken Eilbotschaften der Angst und der Wut hinaus und der Kortex reagiert, indem er unser Bewusstsein mit Emotionen überflutet. Signale, die Erinnerungen oder Gedanken bilden, durchwandern eine einzelne Nervenzelle als kleine elektrische Impulse. Die Nervenzellen sind durch Synapsen verbunden. In die Synapse einlaufende elektrische Impulse veranlassen die Ausschüttung chemischer Stoffe, der sogenannten Neurotransmitter.

Neurotransmitter

Die Neurotransmitter durchwandern die Synapse und geben die Signale an andere Zellen weiter. Neurotransmitter sind chemische Substanzen, die die Signalübertragung zwischen den Nervenzellen vermitteln. Man unterscheidet dämpfende und erregende Neurotransmitter. Sie werden als Antagonisten bezeichnet und sollten in einem ausgewogenen Verhältnis vorhanden sein. Diese Botenstoffe bestimmen maßgeblich unsere Stimmung und Leistungsfähigkeit. Das biochemische Zusammenspiel der Neurotransmitter entscheidet darüber, ob wir uns depressiv, ängstlich oder gestresst fühlen oder ob wir gut gelaunt und hoch belastbar sind. Aber auch die Gedächtnisleistung, das Konzentrationsvermögen, das Durchhaltevermögen und die Kreativität sind von den Botenstoffen abhängig. Neurotransmitter steuern Stimmung und Stressempfindung.

Ätherische Öle

Die reinen Pflanzenstoffe, die ätherischen Öle, haben vielfältige Eigenschaften und helfen bei verschiedensten Beschwerden. Die Wirkungen der pflanzlichen Stoffe sind in der Naturheilkunde schon lange bekannt. Der Begriff „ätherisch" lässt sich am besten mit „flüchtig" übersetzen. Das Wort „ätherisch" wird aus dem griechischen Wort Äther abgeleitet und bedeutet so viel wie „die reine Himmelsluft, der weite Himmelsraum."

Ätherische Öle werden aus den Blüten, Blättern, Samen, Fruchtschalen, Nadeln, Wurzeln, Harzen, Rinden oder dem Holz der Pflanzen gewonnen. Die meisten durch Wasserdampfdestillation, einige werden auch gepresst. Neben der richtigen Anwendung spielt die Qualität der ätherischen Öle eine wesentliche Rolle. Die Angaben auf dem Etikett sind hier sehr aussagekräftig. Nur 100 Prozent naturreine Öle gelten als brauchbar. Weitere notwendige Angaben sind der genaue Pflanzenname, der verwendete Pflanzenteil, die Herkunft, Angaben über den Anbau und die Art der Gewinnung.

Die Duftmoleküle der ätherischen Öle gelangen beim Riechen direkt über die Geruchsorgane in den Bereich des limbischen Systems, in dem unsere Gefühle lokalisiert sind und senden Impulse ans Gehirn. Ätherische Öle sind in der Lage, die Blut-Hirn-Schranke zu durchbrechen und wirken unmittelbar auf unsere Emotionen und Erinnerungen. Ein bestimmter Duft weckt Erinnerungen an eine Situation oder die damit verbundenen Gefühle. Nachdem die Riechzellen den Duft wahrgenommen haben, wird das Duftmuster anschließend in elektrische Impulse umgewandelt. Diese Nervenimpulse lösen im Gehirn Folgereaktionen aus und dadurch werden bestimmte körpereigene Hormone und Neurotransmitter ausgeschüttet. Durch die entstehenden Folgereaktionen im Gehirn können unsere Gefühle und körperliche Funktionen beeinflusst werden.

Dazu können ätherische Öle auch eine direkte Wirkung auf die inneren Organe haben, wenn man sie zur Inhalation oder oralen Einnahme verwendet. Ätherische Öle können auch zur lokalen Behandlung beispielsweise in Form von Kompressen oder bei einer Massage genutzt werden. Zu diesem Zweck sollten die

Öle allerdings mit einem anderen, fetten Öl vermischt werden. Auch Einreibungen auf Akupunktur- oder Reflexpunkte sind eine besondere Möglichkeit. Ätherische Öle wirken auch über die Haut. Ein Öl besteht aus bis zu 100 chemischen Stoffen. Trägt man ätherische Öle auf die Haut auf, gelangen sie in die Blutbahn und sind dort bereits nach 15 Minuten nachweisbar. Eine weitere Anwendungsmöglichkeit der ätherischen Öle sind Bäder.

Düfte beeinflussen also den Menschen auf viele Arten. Sie sorgen für gute Laune, wirken stimulierend, entspannen. Düfte lösen Emotionen und sogar pharmakologische Reaktionen aus, die wissenschaftlich erforscht werden können.

Attar-Destillation

Der Begriff „Attar" kommt aus dem persischen Sprachraum und bedeutet „himmlischer Duft". Zur Gewinnung eines Attars werden kostbare Pflanzen nach alter indischer Tradition in einem aufwendigen Vorgang destilliert. Das Besondere hierbei ist die mehrfache Destillation mit Sandelholz (Santalum album).

Das Oud Attar ist ein ganz besonderes ätherisches Öl. Die schwarzen Adlerholzstücke werden wasserdampfdestilliert, jedoch erwartet das gewonnene Öl ein Bad aus naturreinem, ätherischem Sandelholzöl. Das Oudöl wird also in das Sandelholzöl hineindestilliert um so die zarten Duftmoleküle von Oud einfangen zu können. Diese Art der Wasserdampfdestillation nennt sich Attar-Destillation und bedeutet immer, dass ein besonders wertvoller Duft im Sandelholz (Santalum album) aufgefangen wird. Ein Attar ist daher immer eine Kombination von ätherischem Sandelholzöl und einem anderen Öl.

Mystische Einweihung

Das Adlerholz wächst nur im tiefsten Urwald, im sogenannten Herzen der Erde. In Symbiose mit Pilzstämmen entwickelt sich im Holz ein Harz mit ätherisches Öl, das in eine mystische Stille und Tiefe führt. Das Adlerholz ist eines der kostbarsten ätherischen Öle und Räucherstoffe, es begleitet unsere Seele und unseren Geist zu einer hohen Entwicklungsstufe.

Das Adlerholz weiht dich ein in mystische Regionen zu hoch heiligen Visionen. Breite deine Flügel aus, weite weit dein Herz und erhöhe die Gedankenkraft, erkenne, dass sie die Realität erschafft. Hab Mut dich selbst in Gott zu erkennen, dich sein ewiges Kind zu nennen und gehe hinein in das Mysterium seiner Macht, damit das Christusbewusstsein in dir erwacht. Alles ist dem möglich der da ohne Zweifel glaubt, denn Gott der Herr ist sein Haupt. Das alte Gewand ist abgelegt, erneuert ist dein Sein, die Sonne der Gerechtigkeit ist aufgegangen, nun sollst du den Heiligen Geist empfangen!

Der Hauch von Oud öffnet das Herz und die Sinne und vermag uns in eine andere Welt zu tragen. Der mystische, holzig-erdige und balsamische Duft berührt unser Innerstes und lässt uns in eine tiefe Entspannung fallen. Der geheimnisvolle Duft, wirkt angstlösend, ausgleichend und harmonisierend, kraftvoll und tief berührend, aprodisierend und entspannend. Adlerholz bringt Klarheit und inneren Frieden. Es reinigt die Seele und den Geist und entführt uns in die tieferen Mysterien unseres Seins.

Das Adlerholz führt dich in das Mysterium der Stille um wahrzunehmen Gottes, wie im Himmel so auf Erden, Wille. Jenseits der von Menschen erschaffenen Welt, befindet sich der Garten Eden, deine wahre Heimat, das Paradies. Das Adlerholz erhebt dich mit seinen Schwingen um dich in das Himmelreich hinein zu bringen. Finde den Weg zurück und spüre das große Glück.

Aquilaria agallocha

AQUILARIA – AQUILA – ADLER – GEIST
AQUIL**A**RIA – AQUA – WASSER – SEELE

Wassertaufe und Feuertaufe. Ich habe euch im Wasser getauft, er aber wird euch taufen mit Heiligem Geist und mit Feuer. So geht es bei den beiden Taufformen um verschiedene Qualitäten. Bei der Wassertaufe um Selbsterkenntnis, bei der Feuertaufe um den Einzug des Christus ins menschliche Herz und Bewusstsein. Das Adlerholz bringt göttlichen Segen in das Herz und das Bewusstsein, so dass der Mensch aufblüht zu seiner wahren Größe und Stärke.

Krafttier Adler

In alten Sonnenkulturen war der Adler für die Menschen der Bote aus dem Himmel, dem Göttlichen und wurde entsprechend verehrt. Freiheit, Überblick, Stärke und Klarheit sind eng mit dem Adler verbunden. Als schamanisches Krafttier ist er besonders machtvoll und Bote aus den Oberen Welten. Das Krafttier Adler ist der Herrscher des Himmels. Böse Geister werden vertrieben und der Adler-Scharfsinn spürt jegliche Dämonen oder Schatten auf.

Ein wichtiger Aspekt, den der Adler als Krafttier verkörpert, ist die Verbindung zwischen Himmel und Erde. Auch wenn er in den Lüften schwebt, ist er trotzdem immer noch mit der Erde verbunden. Das Krafttier Adler schafft die Verbindung mit dem Göttlichen. Die Krafttiere Bedeutung ordnet diesem Spirit die Wahrheit und Freiheit des Geistes zu. Ein Adler symbolisiert auch Freiheit und Macht. Es ist auch ein Symbol für starke Unabhängigkeit und Individualität, aber auch Gerechtigkeit und den Großen Geist.

Die Adlersymbolik wird auch mit der Selbstfindung, der Erneuerung und der Wiedergeburt in Verbindung gebracht. Es lehrt dich über innere Stärke und Mut. Mit dem Krafttier Adler als Führer bist du in der Lage, das Selbstvertrauen und die Kraft zu finden, um Höhen zu erreichen, die du nie für möglich gehalten hättest.

Wenn der Adler in dein Leben tritt, fordert er dich dazu auf, dein Leben jetzt aus einer höheren Perspektive zu betrachten und objektiver zu denken. Der Adler kündigt eine neue Entwicklungsstufe an.

Bei den indigenen Völkern Amerikas repräsentiert der Adler den Boten des Großen Geistes und ist ein Sinnbild für den Sonnengott. In vielen Sonnenkulturen gilt er als der Repräsentant des Göttlichen und zuverlässigster Bote aus den oberen Sphären. Im Christentum symbolisiert der Adler Jesus Christus und wird mit dem Evangelisten Johannes in Verbindung gebracht.

Flügel der Wandlung

Der Physiologus beschreibt, wie der Adler altert und seine Flügel schwer und seine Augen trüb werden. Um diesem Zustand abzuhelfen fliegt er in den Dunstkreis der Sonne, breitet seine Flügel aus, verbrennt seine alten Fittiche und lässt sich herab zu einer Wasserquelle, taucht dreimal unter und steigt jung wieder auf. In der Bibel heißt es: „Deine Jugend wird erneuert werden wie die eines Adlers."

Die Natur des Adlers (Aquila) wird so gedeutet, dass die geistliche Quelle, das Wort Gottes, jedem helfen kann, der das alte Gewand trägt. Jesus Christus, die „Sonne der Gerechtigkeit" (Malachias 4,2), zieht dem Menschen das „alte Gewand" aus und lässt ihn in Namen der Trinität taufen, wodurch aus dem „alten Menschen" ein neuer, nach dem Ebenbild Gottes Geschaffener wird.

Auf Adlers Flügeln

Auf Adlers Flügeln getragen, übers brausende Meer der Zeit, getragen auf Adlers Flügeln bis hinein in die Ewigkeit. Über Berge, Täler und Gründe immer höher zur himmlischen Höh. Die Flügel sind stark, die mich tragen, die Flügel, auf denen ich steh.

Und unter denselbigen Flügeln wie wunderbar ruhe ich aus, da ist meine Zufluchtstätte, mein festes, sicheres Haus. Der Feind mag über mir kreisen und zielen und spähn wie er will, die Flügel sind stark, die mich decken, und unter den Flügeln bleibst still.

Ja, unter den Flügeln geborgen, und auf den Flügeln bewahrt, das gibt ein seliges Ruhen, das gibt eine glückliche Fahrt, das gibt ein sicheres Wissen bei wechselnder Pilgerschaft, denn unter den Flügeln ist Friede und auf den Flügeln ist Kraft.

Glückseligkeit mystischer Visionen

Das Adlerholz führt in eine tiefe und mystische Stille zum Urgrund der Mutter Erde. Es stellt die Verbindung des Herzens mit der Erde her und führt uns in die tiefen Schichten unseres Selbst um unsere innerste Weisheit und Intuition zu finden. Das Adlerholz schenkt die Kraft und Energie sich auf die tieferen Ebenen unseres Seins einzulassen und es hilft dabei, wichtige Einsichten, die aus dem Innersten kommen, auszudrücken. Es lässt das Licht in diese Tiefen unseres Seins scheinen, so können unbewusste Muster aufgedeckt werden und wir erhalten die Möglichkeit unser inneres Licht zu klären und auch die tieferen Ebenen der Angst und der Leiden, auf welcher Ebene unseres Daseins auch immer, loszulassen.

Das Adlerholz führt in einen Prozess der Transformation in dem wir von den ehemaligen Verhaftungen unseres Denkens und negativer Emotionen befreit werden können. Es initiiert eine Heilung aus den Tiefen unseres Wesens und lässt uns unsere Essenz wahrnehmen, unser wahres Sein.

Das Adlerholz vermittelt das Gefühl, mit den Gesetzen des Daseins zu harmonisieren und lässt uns die Gesamtheit der Schöpfung wertschätzen und dankbar dafür sein.

Das Adlerholz macht uns empfänglich für die mystische Seite des Lebens. Das Adlerholz bringt Licht in den Schatten damit sich tiefe Mystik und Liebe entfalten können. Es fördert eine tiefe Intuition, die uns mit der Erde verbindet und führt zur Heilung vergangener Schwierigkeiten. Es lässt die Kernseele hervorkommen und leuchten. Dies setzt ungeahnte neue Kräfte frei.

Das Adlerholz öffnet neue Horizonte der Weiterentwicklung und kann lange bestehende Blockaden und Stagnationen auflösen. Es erneuert unser Leben und unsere Wahrnehmung.

Das Adlerholz schenkt uns gleichzeitig Erdung und Erhebung. Es stattet uns mit einer Kraft aus, die die Tiefen und die Höhen, die Verbindungen nach innen und nach außen, harmonisiert, für eine ganzheitliche Wahrnehmung des Lebens.

Tiefe Liebe

Das Adlerholz regt die Liebe, die tiefe Liebe an. Tiefe Liebe ist eine Liebe, die einen in der Seele berührt. Tiefe Liebe ist eine Seelenverbindung, eine Gewissheit, zusammen zu gehören. Tiefe Liebe bleibt, auch wenn Umstände sich verändern. Tiefe Liebe kommt aus einer karmischen Verbindung, aus einer tiefen Gemeinsamkeit auf der Ebene der Seele. Tief im inneren weiß jeder Mensch, dass er eine tiefe Liebe zu allen hat. Diese tiefe Liebe kann jedoch verschüttet sein, aber die tiefe Liebe im Inneren bleibt. Das Adlerholz kann diese tiefe, innere Liebe wieder aktivieren.

In tiefer Liebe sind Menschen miteinander, mit der Schöpfung, mit Gott verbunden. Die wirklich tiefe Liebe ist die Liebe zu Gott. Gott ist in seiner Essenz Liebe. Gott wird erfahren in der Liebe. Gott offenbart sich in der Liebe.

Der mystische Weg des Adlerholzes ist ein Enthüllen dieser Liebe, ein Erwachen zu unserer eigenen Fähigkeit zu lieben und geliebt zu werden. Liebe führt uns tiefer, zur Freiheit und Ganzheit unserer göttlichen Natur.

Vertrauen und Urvertrauen

Urvertrauen entwickelt sich im sehr frühen Kindesalter durch die verlässliche, durchgehaltene, liebende und sorgende Zuwendung von Dauerpflegepersonen (zumeist den Eltern). Es verschafft die innere emotionale Sicherheit, die später zu einem Vertrauen in seine Umgebung und zu Kontakten mit anderen Menschen überhaupt erst befähigt. Urvertrauen ermöglicht angstarme Auseinandersetzung mit der sozialen Umwelt. Der Ausdruck Urvertrauen wurde vom Psychologen Erik H. Erikson 1950 erstmals verwendet. Erikson ging davon aus, dass bei günstigen familiären Beziehungen in den ersten Lebensmonaten Kinder ein Urvertrauen aufbauen. Wenn wir im Urvertrauen sind, geben wir unserem Leben eine positive Grundenergie.

Wenn dagegen gerade die ersten Monate die familiären Beziehungen sehr unsicher waren, kann ein Kind kein solches Urvertrauen aufbauen. Traumata können das ganze Leben und das Urvertrauen erschüttern. Und wer kein oder mangelndes Urvertrauen hat, der besitzt wenig Resilienz bei psychischen Belastungen, kann also durch Stress, durch Verluste und Herausforderung, ja schon durch leichte Kritik und Fehlschläge, aus dem Gleichgewicht geworfen werden. Lieblosigkeit, Vernachlässigung oder Misshandlung können zu einer mangelhaften Ausbildung des Urvertrauens führen. Fehlt Vertrauen, fehlt die Liebe. Hiermit können Beziehungs- und Bindungsprobleme von Menschen erklärt werden. Folgestörungen können Misstrauen, Depressionen, Angstzustände, Aggressivität aber auch körperliche Erkrankungen sein.

Vertrauen gehört zu den großen Prinzipien der Heilung und es gibt kein Problem, das Vertrauen nicht zu heilen vermag. Vertrauen löst seelische Konflikte auf und entwirrt belastende Situationen in die wir verwickelt und festgefahren sind. Vertrauen wirkt richtungsweisend und verwandelt negative Gedanken und Gefühle in positive. Vertrauen bringt die Kraft der Wahrheit um alles fortzunehmen was Illusion ist. Vertrauen ist das Wissen, die Weisheit und die Gewissheit, dass sich alles zum Besten wendet. Vertrauen nimmt die Gnade an, die uns der Himmel bietet, stärkt unser Selbstbewusstsein und verbindet dich wieder mit dir selbst. Vertrauen ist die Kraft die weiterbringt und neue Freude zulässt. Vertraue darauf, dass das Leben nur das Beste für dich will. Mit Vertrauen erkennen wir die liebevolle Vorsehung, die hinter und in allem wirkt.

Das Adlerholz dringt tief, in den Urkern der Seele und schenkt tiefes Vertrauen in das Mysterium des Lebens. Es schenkt Vertrauen, dass wir alle eingebettet sind in der unendlichen Liebe und Weisheit unseres Schöpfers. Daraus entsteht Gottvertrauen, das Vertrauen in Gott und sein Handeln und das Vertrauen in die Schöpfung Gottes.

Gottvertrauen bedeutet, die Liebe Gottes als allumfassend zu erkennen und das eigene Vertrauen in Gottes Hände zu legen. Gottvertrauen bedeutet auch die Überzeugung, dass man geführt wird und man weiß, dass Gott auch durch die eigene Unvollkommenheit und Fehler wirkt. Gottvertrauen kann ein ruhiges, tiefes Vertrauen sein, aus einem Urvertrauen kommen, manchmal auch aus einem kindlichen Glauben. Gottvertrauen kann aber auch aus einer tiefen und intensiven Liebe und

Sehnsuche zu Gott, aus einer Gottesliebe, kommen. Gottvertrauen gibt einem die nicht begründbare Überzeugung, dass man selbst Teil eines kosmischen Ganzen ist.

> Vertrauen,
> schönster Stein in Königskronen,
> Du Mutter aller Liebe
> und ihr Kind,
> Du einzig Pfühl,
> auf dem wir sorglos schlummern,
> Ich rufe dich,
> kehr´ wieder in dies Herz!
> Es gibt kein Glück,
> wo du den Rücken wandtest,
> Es gibt kein Unglück,
> lächelst du aufs neu;
> Laß kämpfen mich
> in deinem Spruch und Zeichen,
> und wieder wird das Leben
> mir zum Sieg.
>
> Theodor Fontane

Adlerholz und Wurzelchakra

Das Wurzelchakra ist die Verbindung mit dem physischen Körper, der physischen Welt, den Energien der Erde und bestimmt generell unsere Beziehung zur materiellen Ebene des Lebens. Das Wurzelchakra befindet sich am untersten Ende der Wirbelsäule, kurz über dem Beckenboden und ist eines der sieben Hauptchakren. Das Wurzelchakra ist das erste der sieben Energiezentren und repräsentiert das Erdelement und die Erdung. Das Hauptthema des Wurzelchakras ist Sicherheit und Stabilität, Vertrauen und Urvertrauen. Das Wurzelchakra steht in Verbindung mit unseren Urinstinkten und unseren grundlegenden persönlichen und körperlichen Bedürfnissen des Lebens und Überlebens, unser Bedürfnis nach Nahrung, Sicherheit, Wärme, Schutz und Heimat, nach einem zu Hause und nach Zugehörigkeit.

Ein Mensch mit gesundem Wurzelchakra lebt aus einem Gefühl von Sicherheit, Stabilität und Urvertrauen. Er fühlt sich sicher und wohl im Körper und hat die Angst vor dem Leben und körperlichen Erfahrungen verloren. Er hat eine innere Stabilität und Sicherheit entwickelt, die unabhängig ist von wechselhaften und unsicheren äußeren Umständen. Er fließt gelassen mit dem sich stets verändernden Strom des Lebens, weil er in sich selbst Geborgenheit und Vertrauen gefunden hat. Er ist völlig verkörpert und geerdet, hat eine tiefe, persönliche Verbindung zur Erde und ihren Bewohnern.

Störungen des Wurzelchakras entstehen häufig durch Schwierigkeiten und Belastungen, denen der junge Mensch in seinen ersten drei bis fünf Lebensjahren ausgesetzt ist, wenn er keine ausreichende Sicherheit und Geborgenheit erfährt. In späteren Jahren wird das Wurzelchakra hauptsächlich gestört durch Erfahrungen körperlicher Gewalt, Existenzängste, gesellschaftliche Ängste und eine fehlende höhere Berufung und fehlende Verbindung zur eigenen Seele.

Im Wurzelchakra tragen die Menschen Erinnerungen ihrer Vorfahren, einschließlich schwieriger Geschichten von Kriegen, Hungersnöten und Naturkatastrophen. Diese generationellen Traumata können Verhaltensmuster in unserem eigenen Leben erzeugen.

Vertrauen und Misstrauen stehen in engem Zusammenhang mit der Entwicklung des Wurzelchakras im Körper. Auch karmische Belastungen werden im Wurzelchakra gespeichert. Rot ist die Resonanzfarbe des Wurzelchakras.

Das Adlerholz wirkt tief verwurzelnd mit der Erde und der reinen Natur. Es stärkt unser Urvertrauen in das Leben und das Vertrauen in unsere Menschlichkeit. Es gibt uns das Gefühl, eingebettet zu sein in das Wunder des Lebens. Seine tiefe, mystische Kraft befreit von Ängsten und Misstrauen. Es löst Verwirrungen und Identitätskonflikte auf und führt uns in unser wahres, ewiges Sein. Das Adlerholz vermittelt die nötige innere Ruhe, Kraft und Stärke sich von Lüge und Illusion zu befreien und die inneren und äußeren Wahrheiten zu erkennen um seine ganze Freiheit zu erlangen und entschlossen zu leben. Das Gefühl, mit der großen Weisheit verbunden zu sein, schenkt einem tiefen Frieden und Gelassenheit, große Freude und Zuversicht.

Rot –
die Farbe des Wurzelchakras

Rot ist die Farbe des Körpers und des Blutes, es steht für Erde und die Stofflichkeit. Rotes Licht erhöht die Aktivität. Sie steht für das Leben, für die Liebe und für das Feuer, die Kraft und Energie in jedem von uns. Die Farbe Rot ist eine warme und positive Farbe, die mit unseren körperlichen Bedürfnissen und unserem Überlebenswillen verbunden ist. Rot gilt als Symbol der Fruchtbarkeit. Rot stärkt unsere Lebenskraft und erhöht den Energiepegel. Rot vermittelt uns einen starken Willen, Entschlossenheit und Durchhaltevermögen. Aufgrund ihrer wohltuenden und wärmenden Wirkung, wird die Farbe Rot auch zu Heilzwecken eingesetzt. Es wirkt allgemein anregend auf die Lebenstätigkeit und hilft, die inneren Kräfte zu mobilisieren. Urvertrauen, Stabilität, innere Stärke und Lebenskraft und das Element Erde entsprechen dem Wurzelchakra und der Farbe Rot. Ohne gesunde Wurzeln können wir nicht gesund wachsen. Das Wurzelchakra ist notwendig für die spirituelle Weiterentwicklung.

Kundalini

Kundalini stammt aus der philosophischen Strömung des Tantra und bezeichnet eine schöpferische Kraft, die jeder Mensch besitzt. Kundalini ist ein Wort aus dem Sanskrit, das übersetzt „gewunden" oder „schlangenförmig" bedeutet. Symbolisch wird Kundalini oft als zusammengerollte Schlange am unteren Ende der Wirbelsäule dargestellt und steht für eine schöpferische Kraft, die in jedem Menschen schlummert. Grundgedanke auf der Kundalini basiert, sind die beiden Götter Shiva und Shakti. Ersterer steht für das absolute Bewusstsein, das Beständige, während die zweite die dynamische, schöpferische Kraft repräsentiert. Im Ursprung waren die beiden vereint, wurden jedoch laut der indischen Mythologie durch eine Schwingung getrennt. Ziel ist es, sie wieder zu vereinen. Durch das Aufsteigen der Kundalini Energie von der unteren Wirbelsäule hinauf, könne sich die individuelle Seele mit der kosmischen vereinen. Auf diese Weise können Menschen von der Urenergie profitieren und somit ihr volles Leistungspotenzial entfalten.

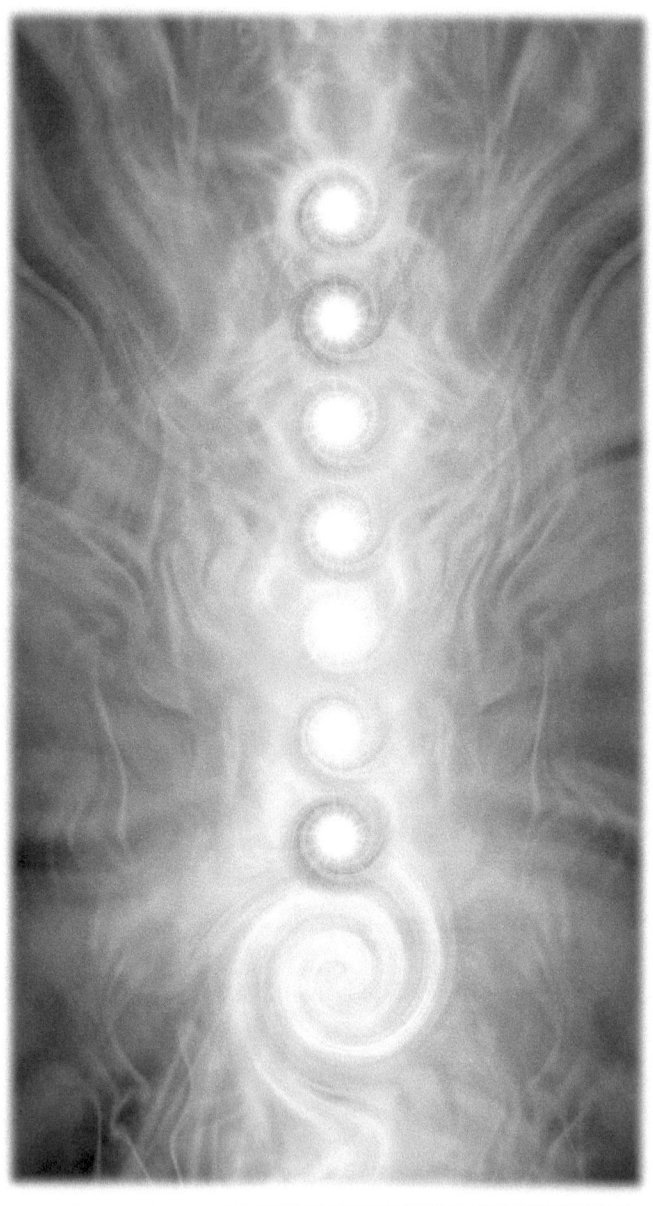

Adlerholz und Kronenchakra

Das Kronenchakra ist das oberste Energiezentrum im Chakra-System. Das Kronenchakra befindet sich als siebtes Chakra direkt am und über dem Scheitelpunkt des Kopfes. Es stellt das Zentrum für spirituelle Erfahrungen dar und schafft eine Verbindung zur universellen, himmlischen Energie, denn es verbindet das Menschliche mit dem Göttlichen und Kosmischen, dem großen Ganzen. Wenn sich das Kronenchakra öffnet, erhält man Zugang zu bisher ungeahnten Sphären. Durch diese Verbindung zum Göttlichen durch das Kronenchakra, können wir die höchste Form von Wissen und Weisheit erlangen. Eine Besonderheit des Kronenchakras ist, dass sich in ihm die Kundalinienergie vereint, die aus dem Wurzelchakra durch alle Hauptchakren aufgestiegen ist. Man wird ausgeglichener und gelassener im Umgang mit sich selbst, aber auch mit anderen Menschen. Man vertraut immer mehr der eigenen Intuition und Inspiration. Tiefer, inneren Frieden wird gefunden, in der Verbundenheit mit der göttlichen Liebe. Violett ist die Resonanzfarbe des Kronenchakras.

Nachdem das Adlerholz uns tief in das Wurzelchakra geführt hat und uns mit der Mutter Erde in vollkommener Liebe und Urvertrauen verbunden hat, beginnt die mystische Reise durch alle Ebenen bis hoch zum Kronenchakra um uns mit dem Kosmos und den Himmeln zu verbinden. Nun vereinen sich Materie und Energie und der Kreislauf von Yin (Materie) und YANG (Energie) zirkuliert in irdischer und kosmischer Harmonie. Wir, der Mensch und die ganze Schöpfung sind der vollkommene Ausdruck dieser Kräfte, dem YIN und YANG im Einklang.

Das Selbst wird nicht mehr vom Ego beherrscht. Emotionen wie Dankbarkeit, Liebe, Mitgefühl, Achtsamkeit und Akzeptanz werden zu unserem wahren Selbst. Es ist eine Ablehnung aller negativen Gedanken und Emotionen die Unglück und Stress in unser Leben bringen. Ein ausgeglichenes Kronenchakra bringt spirituelles Verständnis und tiefen, inneren Frieden. Das Adlerholz bringt Gleichgewicht und Frieden in Körper, Seele und Geist. Es führt uns in die unberührte, unveränderte und absolut reine Gnade Gottes.

Violett –
die Farbe des Kronenchakras

Die Farbe Violett symbolisiert Spiritualität, Intelligenz und Transformation. Sie ist heilend in ihrer Farbwirkung, stärkt das seelische Gleichgewicht und fördert die Entscheidungskraft. Gleichzeitig gilt Violett als Symbol der Mystik, Macht und Leidenschaft. Die Bedeutung der Farbe Violett beinhaltet zudem die Überschreitung von Grenzen in höhere Dimensionen. Als Farbe der Transformation und Spiritualität symbolisiert Violett die magische Stimmung hin zur Verschmelzung der Dualität. Violett fördert die Balance zwischen rechter und linker Gehirnhälfte und hat positive Effekte bei körperlichen und seelischen Blockaden. Violett bezieht sich auf die Fantasie und Spiritualität. Sie regt die Vorstellungskraft an und inspiriert zu hohen Zielen. Violett hat die höchste Wellenlänge im sichtbaren Farbspektrum und steht mit dem Kronenchakra in Verbindung. In Violett vereint sich das irdische Rot mit dem himmlischen Blau und wird zum Inbegriff des mystisch Geheimnisvollen.

Transformation

Das Adlerholz erfährt eine mächtige, tiefe und mystische Transformation bis ihm sein Harz und das im Harz enthaltene kostbare ätherische Öl Out entspringt. Durch den Reiz der Pilze, die ihn befallen, aktiviert der Baum seine ungeahnten Kräfte und vollzieht eine Metamorphose und Transformation dessen Prozess einen einfachen Baum in Jahrzehnten zu einem Aromawunder verwandelt, das viele Menschen tief berührt und verzaubert.

Transformation bedeutet Übergang, Wechsel, Umformung. Als spirituelle Transformation bezeichnet man den Übergang von einer Bewusstseinsstufe zu einer höheren. Spirituelle Transformation ist ein heilender Prozess, bei dem eine Person die Transformation ihrer gegenwärtigen Existenz und das Erwachen der Seele erlebt. Sie hat eine heilende Wirkung bei Störungen jeglicher Art, seien es Störungen, die sich bereits am physischen Körper manifestiert haben oder die emotionaler Natur sind. Spirituelle Transformation stellt ein Gleichgewicht zwischen physischem, emotionalem und mentalem Körper her. Der

Prozess der spirituellen Transformation findet auf den tiefsten Ebenen statt, im dunkelsten Teil unserer Seele.

In der Tiefe deines Wesens bist du Sein, Wissen und Glückseligkeit. Du bist eins mit dem Unendlichen. Du bist reines Bewusstsein. In der Tiefe deines Wesens bist du immer eins. Aber auf einer relativen Ebene gesehen, bist du in einem Prozess der Veränderung begriffen. Es gilt, diesen auch bewusst anzunehmen.

Die spirituelle Transformation bedeutet das ganzheitliche Transformieren, Umwandeln und Auflösen von alten Verstrickungen, wie Glaubenssätze, Manipulationen, Verbindungen, Blockierungen u.a. wie auch das ganzheitliche Reparieren und Heilungen all deiner Systeme und feinstofflichen Körper. Um uns zunehmend spirituell entwickeln zu können, müssen wir zuerst unsere Lasten aus diesen und früheren Inkarnationen wie Karma, Generationslasten, alte Verträge, Gelübde und Flüche transformieren und auflösen.

Alles Negative, Zerstörerische und Hemmende baut sich vor uns auf mit der Aufforderung, unsere innere Kraft zu benutzen und störende Dinge mit Licht, Liebe und Geist zu transformieren und umzuwandeln. Durch diese Erfahrung werden wir weise und wir begreifen uns selbst in unserer eigenen Macht.

Jeder Wandlung und Transformation geht eine Selbsterkenntnis voraus. Wenn sich der „Saulus zum Paulus" wandelt, dann hat eine Seele zur Wahrheit zurückgefunden.

Das Adlerholz ladet dich ein, in die tiefen deiner Seele zu dringen um das innerste Seelenlicht zu entflammen damit es durch dein ganzes Sein leuchten und wirken kann. Es hilft dabei, dich zu läutern und zu reinigen, dich zu entfesseln und zu befreien. Es erhebt dich zu deiner wahren Größe und Stärke. Das Adlerholz verbindet mit ungeahnten Tiefen und Höhen, gibt Mut zur Wandlung und Transformation und führt zur Bewusstwerdung seines wahren, ewigen Seins.

Baumessenz aus Adlerholz

Das Selbermachen von Baumessenzen macht viel Freude und man bekommt dadurch einen engen persönlichen Bezug zu den Essenzen. Die Sonnenmethode ist die bekannteste Methode zur Gewinnung von Baumessenzen, sie wurde auch von Edward Bach für die meisten seiner Bachblüten verwendet. Bei der Sonnenmethode nimmt man die Kraft der Sonne zu Hilfe, um die Schwingungen des Baumes auf das Wasser zu übertragen. In eine Glasschale wird Wasser gegeben und zerkleinertes Adlerholz hinein gelegt. Zum Einwirken der Baumkräfte auf das Wasser stellt man die Glasschale an einen sonnigen Platz und lässt sie etwa 3 bis 4 Stunden lang ausziehen. Dann wird die Baumessenz abgefiltert und in eine Glasflasche ca. 3/4tel vollgefüllt. Um die Baumessenz haltbar zu machen wird noch das restliche 1/4tel mit Alkohol aufgefüllt. Dann verschließt man die Flasche und schüttelt sie kurz, um die wässrige Essenz mit dem Alkohol zu vermischen. Diese Baumessenz kann nun pur oder ein paar Tropfen in einem Glas Wasser gegeben, eingenommen werden.

Wirkungen des Adlerholzes

Wirkungen – körperlich

antibakteriell, antihelmintisch, antiparasitär, immunstärkend, immunmodulierend, modulierend auf die Nebennierentätigkeit, cortisonartige Wirkung, regulierend auf die Stressachse, regulierend auf das vegetative Nervensystem, stresslindernd, entkrampfend (spasmolytisch) und spannungslösend, nervenstärkend, entspannend, beruhigend und anregend, schmerzlindernd, entzündungshemmend, antiasthmatisch und hypoglykämisch, antihistaminartige Wirkung, juckreizstillend, erwärmend, durchblutungsfördernd, stärkt die Selbstheilungskraft, fördert die Regeneration, ausgleichende und harmonisierende Grundwirkung

Wirkungen des Adlerholzes

Wirkungen – seelisch/geistig

konzentrationsfördernd, gedächtnisstärkend, geistig stimulierend, fördert die Kreativität, beflügelt die Phantasie, fördert geistige Klarheit, energetisierend und vitalisierend, antidepressiv, stimmungsaufhellend, angstlösend, fördert insgesamt das seelische Gleichgewicht, fördert die emotionale Stabilität, erdend, zentrierend, schlaffördernd, beruhigend und anregend, aphrodisierend, herzöffnent, ausgleichend und harmonisierend, klärend, blockadenlösend, stärkt das Vertrauen und Urvertrauen, stärkt das Selbstvertrauen, stärkt das Selbstwertgefühl, fördert Selbsterkenntnis, Weisheit und Intuition, gibt Kraft und Stärke, bringt Licht in den Schatten, hilft beim Loslassen, fördert Freude und Glücksgefühle

Bezugsquelle für hochwertiges Adlerholz

Adlerholzprodukte sind vielfältig anwendbar: für den Geist und die Seele, das körperliche Wohlbefinden, in Form selbstgemachter Körper-/Duftöle oder zum Räuchern auf verschiedenste Arten.

Exklusive, aromatische, schöne und seltene Oud-Hölzer aus aller Welt (Vietnam, Malaysia, Indien, Kambodscha) zum Räuchern und verschiedene hochwertige ätherische Öle aus Adlerholz (liebliches Thai-Oud, süß-herbes Thai-Oud, vielfältiges Hindi-Oud, klassisches Laos-Oud) erhält man unter:

www.weihrauchwelt.de

Quellenhinweise

- https://weihrauchwelt.de/ueber-adler-holz/
- https://www.luxflair.de/lexikon-adlerholz-raeucherstaebchen-aquilaria-agallocha/
- https://ersan-perfume.com/blogs/news/adlerholz-die-geheimnisvolle-essenz
- https://pflanzen-bild.de/inhaltsstoffe/sesquiterpenlactone/
- https://seelenduft.at/aphrodisierende-liebesduefte-aetherische-oele-liebe-sexualitaet-seelenduft/
- https://flexikon.doccheck.com/de/Pheromon
- https://www.quarks.de/gesellschaft/psychologie/so-beeinflussen-uns-pheromone-wirklich/
- https://wiki.yoga-vidya.de/Tiefe_Liebe
- https://de.wikipedia.org/wiki/Urvertrauen
- https://wiki.yoga-vidya.de/Urvertrauen
- https://wiki.yoga-vidya.de/Gottvertrauen
- https://www.chakren.net/chakra/wurzelchakra/
- https://mystischerrabe.de/psychologie/spirituelle-transformation/

- https://www.holistische-gesundheits-wege.de/spirituelles-wissen/spirituelle-transformation-im-aufstiegszeitalter/

Literaturhinweise

- Aura-Soma die Heilkraft der Farben
  von Mike Booth
- Karten der Selbstheilung
  von Chuck Spezzano
- Ein Wort genügt
  von Franziska Krattinger
- Machtworte
  von Franziska Krattinger
- Atlas Gehirn
  von Rita Carter

Fotonachweis

- Alle Fotos von www.123rf.de

Über den Autor

Matthias Felder, Jahrgang 1972, Absolvent der Fachschule für Naturheilweisen Josef Angerer in München, Heilpraktiker in eigener Praxis in Neuburg am Inn, Dozent an der Paracelsus Heilpraktiker Schule.

In regelmäßigen Abständen führe ich Seminare über Themen durch, die Ihnen dabei helfen können, sich in leichteren Fällen selbst zu helfen oder durch eine Veränderung Ihrer Lebensumstände Beschwerden erst gar nicht entstehen zu lassen. Diese Veranstaltungen finden in der Regel im kleinen Kreis in meiner Praxis statt um zu gewährleisten, dass ich sehr individuell auf die Interessen meiner Teilnehmer eingehen kann.

www.naturheilweisen.biz